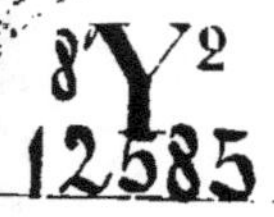

EUGÈNE PARÈS

L'ORPHELINE

DE CARNAC

ÉTUDES DE MŒURS BRETONNES

LIBRAIRIE DE J. LEFORT

IMPRIMEUR, ÉDITEUR

LILLE
rue Charles de Muyssart, 24

PARIS
rue des Saints-Pères, 30

L'ORPHELINE DE CARNAC

In-8° 5e série

Le *Cloarck* ne s'arrêta pas à contempler ce paysage si familier à ses yeux, et s'éloigna rapidement.

EUGÈNE PARÈS

L'ORPHELINE DE CARNAC

ÉTUDES DE MŒURS BRETONNES

LIBRAIRIE DE J. LEFORT

IMPRIMEUR, ÉDITEUR

LILLE | PARIS

rue Charles de Muyssart, 24 | rue des Saints-Pères, 30

Propriété et droit de traduction réservés.

L'ORPHELINE DE CARNAC

I

La plaine de Carnac.

L'hiver avait sévi dur et rigoureux pendant cette fatale année de 1794 , surtout dans le pays de Vannes. La neige couvrait le sol d'un vaste manteau blanc et sinistre comme un immense linceul ; aux branches dénudées s'enroulaient de longs cordons de givre étincelant de tous les feux du prisme ; au-dessus, le ciel s'étendait gris et tout peuplé de goëlands et de corbeaux.

C'était le soir. Dans la vaste plaine de Carnac, toute hérissée de ces innombrables *menhirs* ou peulvans plantés là par la main des Celtes, un homme, portant dans ses bras une petite fille de deux ans à peine, avançait lentement, courbé autant sous le poids de son précieux fardeau que sous celui d'un lourd bissac qui pendait à son côté.

Depuis quelques instants, la lune, aussi rouge qu'un globe enflammé, venait de se lever dans le ciel foncé, éclairant la lande sans fin, les vieux débris celtiques qui surgissaient du sol blanchi, sinistres et informes comme autant de noirs démons gardiens depuis des siècles de ces solitudes.

L'homme pouvait avoir quarante ans environ. Son front, d'où descendaient de longs cheveux noirs, était entouré d'un linge sanglant. Petit et râblé, tout en lui dénotait la force unie à l'agilité. Son visage, traversé de haut en bas par une hideuse brûlure, vieille à peine de quelques jours, était dur, farouche même, avec une ride au milieu du front, des plis profondément marqués des deux côtés de la bouche; mais son œil, clair et limpide comme celui de la plupart des paysans bretons, avait des éclairs de tendresse ineffable surtout quand il s'arrêtait sur le visage frais et souriant du petit être qui dormait dans ses bras.

Il marchait lentement, murmurant à mi-voix le refrain d'un zône plaintif comme pour mieux bercer le sommeil du pauvre petit ange. Son costume débraillé, souillé de poudre et de sang, se composait de braies de toile larges et flottantes, d'un gilet orné de boutons de métal, et enfin d'une veste en peau de bique ; il avait sans doute perdu son chapeau que remplaçait un mouchoir tout maculé de sang ; ses jambes étaient protégées par des guêtres de drap, mais ses pieds étaient nus.

— Dors, Marguerite ; dors, cher ange du bon Dieu, disait-il ; ta mère sera bien vengée !...

Il était parvenu presque à l'extrémité de la plaine. Alors il s'arrêta, déposa la petite, toujours endormie, au pied d'un *menhir* gigantesque qui la garantissait du vent et de la neige, et resta immobile, les bras croisés sur sa poitrine, le regard plein d'éclairs devant une autre pierre druidique.

Autour de lui la neige s'affaissait en silence ; la bise mugissait ses gémissements, ses sanglots rauques et prolongés qui semblaient des plaintes de damnés. Mais il n'y prenait pas garde.

Tout à coup il releva la tête.

— Il faut en finir ! dit-il brusquement.

Et jetant son bissac à ses côtés, il en tira une bêche et une pioche et se mit à attaquer avec furie, d'abord la neige molle qui cédait facilement sous ses coups, puis la terre qui, sous la gelée, avait acquis la dureté du granit.

Il creusa longtemps sans paraître se soucier de la sueur qui ruisselait de son front ; sa plus grande préoccupation était de ne pas réveiller la .petite. Enfin, après une heure d'un travail acharné, une fosse assez grande se trouva creusée au pied du *menhir*.

La lune, qui avait brillé d'un éclat éphémère, s'éclipsait maintenant sous de noirs nuages, l'obscurité était profonde ; mais, à l'horizon, du côté de Plouharnel, des lueurs rouges et sinistres empourpraient le ciel comme des reflets d'incendie.

Le Breton n'y prit pas garde encore.

Tout à sa pensée, il tira de nouveau de son sac une petite caisse en bois de chêne, soigneusement garnie de fer, qu'il plaça, avec mille précautions, au fond de la fosse ; puis il fit le signe du chrétien, son front soucieux s'éclaira, et la terre revint bientôt combler la cavité.

La neige, qui tourbillonnait en blancs flocons, devait, avant une heure, effacer toute trace de ce travail mystérieux.

— Allons, voilà qui va bien, murmura le Breton. Je vivrais cent ans, continua-t-il en examinant de nouveau la *pierre d'avertissement*, que je me rappellerais toujours où est enfouie la dot de ma pauvre enfant. Maintenant il faut partir; mais si long, si pénible que soit le chemin, le bon Dieu en ôtera les ronces et les cailloux.

Il se détourna pour revenir à l'enfant. Les lueurs sinistres qui incendiaient l'horizon le firent alors bondir.

— Encore des meurtres!... encore des flammes!... rugit-il les poings crispés. O. *bleus* maudits! *bleus* damnés! vienne donc l'heure de vous payer ma dette.... Ma fortune perdue, ma ferme incendiée, ma femme, mes enfants égorgés presque sous mes yeux!... Oh! c'en est trop : Dieu lui-même ne saurait en défendre la vengeance....

— Dieu a dit : « Rends le bien pour le mal, » fit une voix grave aux oreilles du Breton.

— Quelqu'un ici! dit ce dernier qui se détourna pendant que sa main étreignait convulsivement le manche d'un couteau.

— La paix soit avec toi, Jaouen! fit encore l'inconnu. Tu ne reconnais donc plus ton frère?

— Le *Cloarck* (1)!

(1) *Cloarck*, c'est-à-dire *clerc d'école*, nom que les paysans bretons donnent aux jeunes hommes qui étudient pour les ordres sacrés.

Et toute la colère du Breton tomba.

L'inconnu, celui que Jaouen appelait le *Cloarck*, s'était approché. C'était un homme jeune encore, bien que l'habitude de la réflexion, de grandes douleurs peut-être eussent assombri son visage jaune et ascétique, éclairé par deux grands yeux brillants. Il portait sur ses épaules un long manteau troué qui dissimulait mal la maigreur effrayante de ses membres, ses pieds étaient nus comme ceux de Jaouen, et il s'appuyait en marchant sur un bâton de houx dépouillé de son écorce, tel qu'en portent les *chercheurs de pain* (1).

On le nommait Ivon Madec. Tout jeune, à l'heure où la vie s'ouvre brillante et pleine de radieuses promesses, son cœur avait douloureusement souffert : il aimait, et la mort renversa de son souffle le nid à peine formé qu'il bâtissait avec tant de bonheur.... Alors, comprenant combien sont trompeuses les promesses de ce monde, il s'était jeté dans les bras du Père miséricordieux, demandant à la religion les secours et les consolations qu'elle seule pouvait lui donner.

La prêtrise était le comble de ses vœux. La révolution, en lui enlevant son modeste patrimoine, le força d'interrompre ses chères études ;

____
(1) Mendiants.

il croyait toucher le ciel, il retombait dans l'abîme de toutes les misères humaines....

De là cet aspect grave et mélancolique, ce surnom de *Cloarck* qui lui était resté.

Les deux hommes se serrèrent la main.

— Tu étais là? interrogea Jaouen.

— Ai-je un gîte maintenant? fit le *Cloarck* qui secoua tristement la tête. Les *bleus* m'ont tout pris, et tu me vois réduit à porter le bâton blanc et le bissac des *chercheurs de pain....* Le ciel clair ou sombre, la terre dure, le pain noir de l'aumône, voilà les seules richesses qui me restent....

— Tu m'as vu? interrompit Jaouen qui écoutait à peine.

— Je t'ai vu enfouir au pied de ce *menhir* un coffret, de l'or peut-être.

— Oui, murmura le Breton d'une voix sourde, vingt mille livres, toute ma fortune. Dieu m'a cruellement éprouvé, Ivon : maison, famille, j'ai tout perdu en un seul jour.... Mais je ne pardonne pas, moi, s'écria-t-il en se redressant sublime de douleur et d'énergie. Sang pour sang ! voilà mon cri, et Dieu lui-même ne saurait me condamner....

 » Prêt à entrer dans la lutte, un scrupule me retenait encore. Qui veillerait sur cette chère innocente qui dort près de nous? Et, si je périssais, qui la protégerait à l'avenir?... Ce scrupule n'existe plus : Dieu a entendu ma prière, et il t'envoie à moi, toi l'homme de piété et de charité, toi qui ne sais que prier et pardonner....

Il s'arrêta pour serrer la main du *Cloarck*, qui écoutait, drapé dans son grand manteau qu'agitait la bise.

— Tu sais où est la dot de Marguerite? interrogea encore Jaouen après un court silence.

— Là, dit simplement le *Cloarck* en désignant du bout de son bâton la sombre silhouette de granit.

— Oui, c'est là.... Maintenant, je puis partir. Veux-tu me promettre de veiller sur Marguerite comme sur ta propre fille, et, si Dieu permet qu'un malheur survienne, de me remplacer près d'elle comme un père auprès de son enfant?

— Soit! dit le *Cloarck* sans hésiter.

— De la rendre heureuse?

Le *Cloarck* inclina la tête.

— Tu le jures? poursuivit Jaouen.

— Sur mon salut.

— Adieu donc, murmura le Breton attendri. Je sais où trouver la vengeance, et, si Dieu permet que je succombe dans la lutte, ma dernière heure sera exempte d'amertume : Marguerite sera heureuse....

Il se baissa sur l'enfant, déposa sur son front d'ange un long et doux baiser, pressa une dernière fois la main du *Cloarck*, et s'éloigna brusquement en répétant encore :

— Adieu, adieu !...

Le *Cloarck* demeura longtemps immobile, les bras croisés sous son manteau. Puis, quand la sombre silhouette du Breton eut disparu au milieu des pierres noires et informes, il prit dans ses bras la petite fille, et s'éloigna à son tour.

Bientôt il sortit de la lande de Carnac. La campagne, toute blanche et faiblement éclairée sous quelques rayons égarés de la lune, se déroulait à perte de vue, semblable à un suaire immense que déchiraient çà et là des troncs noircis et tordus, des toits de chaume poudrés de neige.

— Que faire ? se demandait-il.

Tout à coup il s'arrêta devant une croix de granit brisée, mutilée ; mais qui, aux yeux du pauvre *Cloarck*, n'en était pas moins le symbole glorieux de notre sainte religion. Il s'agenouilla sur les marches de pierre, et, les deux mains croisées sur sa poitrine, il pria longtemps.

Quand il se releva, la confiance brillait sur son front austère.

Dieu venait de l'inspirer.

— Oui, pauvre petite, murmura-t-il avec une

douceur qui contrastrait avec son calme, sa gravité un peu sombre ; oui , s'il faut te confier aux soins des âmes charitables , je ne t'abandonnerai pas pour cela : de loin comme de près , Dieu et moi veillerons constamment sur toi. . . . . .

. . . .

Le matin suivant, lorsque le soleil , rouge et sans chaleur, inonda la campagne de ses rayons affaiblis , une fermière de Kerbranel, petit hameau des environs d'Auray, vit, sur le seuil de sa porte, une jolie fillette de deux ans à peine, qui sommeillait paisiblement, enveloppée dans un grand manteau troué.

Le manteau du *Cloarck*....

II

Sur la lande.

C'était le soir, un beau soir de printemps tout
embaumé des amères senteurs des grèves et des
genêts fleuris que la brise de mer emporte avec
elle bien loin dans l'intérieur des terres. Le soleil
allait se plonger dans les flots, et déjà ses rayons,
éclatants comme des reflets de pourpre, enflam-
maient l'horizon, où se découpaient noires et
immobiles les pierres de Carnac debout depuis des
siècles et des siècles encore, comme si le temps,
qui détruit tout, ne pouvait entamer leurs masses
granitiques.

Les mouettes aux ailes blanches et rapides, les
goëlands, les noirs corbeaux se poursuivaient
dans l'étendue des cieux, rayant parfois la lande
de l'ombre du vol de leurs bandes immenses.

Puis, quand la brise se taisait, quand le silence planait sur cette nature aride et désolée, les vibrations lointaines des cloches sonnant l'Angélus du soir arrivaient, affaiblies encore par la distance, comme un concert aérien.

Sur la lande inclinée, d'où surgissaient de nombreux affleurements de rocs grisâtres et couverts de lichen, une jeune fille, un enfant presque, assise sur la mousse, une baguette de genêt à la main, regardait machinalement une trentaine de moutons, appartenant à cette race brune et petite, particulière à la Bretagne, brouter l'herbe rare et sèche qui croissait comme à regret dans les interstices des pierres.

Quel était son âge? On ne saurait le dire. Si le visage sérieux et réfléchi, les cheveux d'un blond fauve qu'une petite coiffe de toile ne parvenait pas à cacher entièrement, les riches contours de la taille annonçaient la femme accomplie déjà, le corps frêle et délicat, les pieds nus reposant sur la bruyère, les mains, plus petites encore, appartenaient à l'enfance.

Quelles étaient ses pensées en ce moment où, gracieuse et nonchalante, elle s'abandonnait tout entière à cette douce extase qui fait qu'on est si heureux de vivre alors que le soleil brille, que la brise murmure à vos oreilles ses mille chansons éternelles comme elle ? Pourquoi souriait-elle ?...

Qui peut dire à quoi rêvent les jeunes filles ? Qui peut approfondir le secret de leurs joies folles, de leurs pleurs sans cause ?...

Cependant la nuit descendait, jetant sur la campagne ses voiles transparents encore, mais qui, peu à peu, s'obscurcissaient davantage, et la fillette, toujours plongée dans sa rêverie profonde, ne s'apercevait pas du temps qui s'enfuyait.

Il fallut qu'une main s'appuyât sur son épaule, qu'une voix douce et caressante vînt murmurer à son oreille :

— Eh bien, petite Tina, à quoi penses-tu donc ?

— Père Madec ! s'écria-t-elle en bondissant dans les bras du nouveau venu.

— Eh, oui ! fit le *Cloarck* — car c'est lui que nous retrouvons après dix-huit ans — le père Madec qui ne peut vivre un jour, une heure presque sans te voir !... Mais la nuit vient. A quoi rêvais-tu donc, seule, immobile, comme une *Mary Morgan* (1), au milieu de la lande ?

— A quoi ? murmura Tina qui s'arrêta soudain.

L'ombre s'épaississait ; le *Cloarck* ne la vit pas rougir.

Dix-huit ans se sont écoulés depuis le jour où,

(1) *Fée*, suivant la croyance bretonne.

pour la première fois, nous avons aperçu celui que les paysans désignaient sous le nom de *Cloarck*, nom qui lui était resté. Il avait vingt-cinq ans alors ; aujourd'hui on lui en aurait donné quatre-vingts, tant son visage était creusé de plis austères, tant ses cheveux et sa barbe avaient blanchis, tant sa démarche était chancelante. Mais lorsqu'il revoyait celle sur qui il avait promis de veiller, une transformation complète s'opérait en lui : cette taille courbée se redressait, cet œil presque éteint avait des éclairs de bonheur, et cette voix, qui ne savait plus que prier et implorer, retrouvait des accents émus et caressants.

C'est que cette fillette, c'était sa vie à lui, le rayon d'orgueil et de bonheur qui éclairait sa pauvreté !...

En la recevant des mains de Jaouen, résolument, il s'était écrié :

— Je serai son père, moi !

Et il avait tenu sa promesse.

Tina, aussi, lui rendait bien cette affection, cet amour immense qu'il lui avait voué. Habituée à le voir presque chaque jour, à entendre ses pieux conseils, ses douces exhortations, elle le considérait comme un père véritable.

Pourquoi, pourtant, aux dernières paroles du *Cloarck*, son front si pur avait-il rougi ?

Le *Cloarck* eut un sourire mélancolique, et poursuivit en prenant la main de la fillette :

— Veux-tu que je te dise à quoi tu penses, Tina?... Tu penses à Pierre, le fils de celle qui t'a recueillie jadis, à Pierre, le plus beau, le plus vaillant garçon de la paroisse ; tu penses à ces paroles qu'il t'a dites, un jour qu'il essayait de graver ton nom sur la pierre du *menhir;* tu te demandes si tu l'aimes....

— Oh! mon père! fit-elle en cachant son visage dans le sein du vieux *chercheur de pain.*

— Crois-tu donc que je l'ignorais? continua-t-il après un long silence. Pour la première fois, tu as manqué de confiance envers moi, Tinaïk; tu t'es tue, comme si on pouvait me cacher quelque chose.

— Pourquoi vous l'aurais-je dit, mon père? murmura Tina qui secoua tristement la tête; pourquoi vous aurais-je avoué ce rêve qui ne se réalisera jamais?... Que suis-je auprès de Pierre? une simple servante, une pauvre orpheline que sa mère a recueillie et garde par charité.... Et puis, je le sais, son père veut le fiancer à la belle Annaïk Even, la plus riche *pennerez* (1) des environs de Scaer....

(1) On donne, dans nos campagnes, ce nom aux jeunes héritières. Généralement, il s'applique à toutes les jeunes filles en âge de se marier.

— Pourtant, tu l'aimes?

— N'a-t-il pas toujours été bon et dévoué? Tout enfants, nous gardions les troupeaux sur la même lande, nous chantions les mêmes cantiques, nous cueillions des *mûres* aux mêmes buissons; il m'appelait *sa petite sœur chérie!* Puis, plus tard, quand j'ai failli me noyer dans la Crach, qui m'a sauvée? Quand trois gars de Locmaria m'ont insultée parce que j'étais sans famille et sans protecteur, qui m'a défendue? Lui, toujours lui!... Et vous me demandez si je l'aime? continua-t-elle en levant sur le vieux *chercheur de pain* son œil pur et candide. Ah! s'il ne fallait que donner ma vie pour qu'il fût heureux, je le ferais avec joie....

Elle se tut, et, la tête baissée, tourmenta entre ses doigts la baguette de genêt, tandis que son pied nu raclait fièvreusement le sol. Pauvre enfant, sans ami, sans famille, elle n'avait connu de la vie que les angoisses et les amertumes. Au milieu de tant d'êtres indifférents, un seul l'avait aimée, protégée, était-elle donc coupable de lui rendre au centuple cette affection sincère? Etait-ce de l'amour, était-ce de la reconnaissance?

La pauvre Tina n'eût pu le dire.

Le vieux *Cloarck*, tout ému, lui prit les deux mains et la regarda bien en face.

— Et s'il en épousait une autre, dit-il lente-

ment comme pour mieux donner à ses paroles le
temps de se graver dans l'esprit de la fillette, que
ferais-tu ?

— Ce que je ferais, mon père? Je penserais
que le bon Dieu, qui veut notre bonheur à tous —
vous me l'avez dit, — l'a fait pour son bien, et je
prierais pour lui.

— Tina, chère petite Tinaïk, tu es un ange,
un ange de douceur et de dévouement. Mais
ne crains pas qu'un pareil malheur s'accomplisse,
non ! je suis là.... Oui, confiance en Dieu, et,
quand le *biniou* sonnera le jour de tes noces,
peut-être pourras-tu étaler sur ta manche plus de
galons d'argent que l'orgueilleuse *pennerez* de
Scaer (1)....

Et, craignant d'en avoir trop dit, le vieux
chercheur de pain déposa un baiser sur le front
de Tina, et s'éloigna à grands pas, laissant la
fillette encore sous l'impression de ces étranges
paroles.

— Des galons d'argent à moi... à moi, pauvre
enfant sans foyer ni famille! fit-elle toute songeuse.
Oh! pour sûr, le père Madec veut rire !

(1) C'était un usage autrefois fort répandu dans toute la Bretagne,
dans le Finistère surtout : en se rendant à l'église, le jour des noces,
la mariée étalait sur sa manche autant de galons d'argent qu'elle apportait de mille livres en dot.

Elle rassembla ses moutons et prit le chemin de la ferme en murmurant :

— Pourtant, il n'a jamais menti....

Si préoccupée qu'elle fût, en passant devant la vieille croix brisée où, pour la première fois, le *Cloarck* lui était apparu, elle n'oublia pas de s'agenouiller et de prier pour ses parents qu'elle n'avait jamais connus. Cette prière naïve, cet épanchement tout intime dans le sein de Celui qui peut tout, la réconforta, et ce fut le cœur soulagé, l'esprit plus tranquille qu'elle atteignit la ferme.

Pendant qu'elle parquait ses moutons dans l'étable, Pierre, le fils du fermier, qui rôdait devant la ferme, trouva moyen de s'approcher d'elle et de lui parler à voix basse.

— Annaïk et sa mère sont ici, fit-il rapidement. Dis-moi que tu m'aimes, Tinaïk, dis-moi que, un jour, tu seras ma femme, et j'aurai le courage de leur résister....

Tina porta la main à sa poitrine. Elle sentait son cœur battre violemment.

Mais elle regarda le ciel bleu et étoilé, implora mentalement une protection qui ne fait jamais défaut à ceux qui souffrent, et elle sentit son courage renaître.

— Il faut obéir à votre père, Pierre, fit-elle d'une voix qui ne tremblait plus.

— Même s'il veut le malheur de ma vie ?

— Résister à ses parents, c'est déplaire à Dieu.... Monsieur le recteur (1) l'a dit en chaire, murmura la fillette.

— Tu es calme! fit le jenne homme avec dépit; ton cœur est insensible.... Oh! je vois bien que tu ne m'aimes pas....

— Pierre! fit-elle vivement.

Mais elle ajouta aussitôt :

— Je vous aimerai toujours comme une sœur dévouée.

— Mon Dieu, murmura le pauvre garçon en regagnant la ferme, c'est donc vrai, elle ne m'aime pas ?... Obéir... je sens que je le dois... pourtant, mon père ne peut vouloir le malheur de toute ma vie ?...

Et il pénétra dans la grande salle de la ferme, où toute la famille était réunie, faisant fête aux nouvelles venues, la belle Annaïk Even et sa mère.

Tina, que son travail ne retenait plus, entra presque sur les pas du jeune gars.

(1) Dans presque toutes les paroisses de la Basse-Bretagne, le desservant d'une église est appelé recteur, tandis que le titre de curé appartient exclusivement au premier vicaire.

Elle était calme et souriante ; pourtant une larme qu'elle avait oublié d'essuyer perlait sous ses longs cils comme une goutte de rosée dans le calice d'une fleur.

III

Calculs et intrigues.

Nicolas Moëllo, le fermier de Kerbranel, passait
dans le pays pour un homme fort à son aise. Il
avait quatre chevaux dans son écurie, six belles
vaches à l'étable, des porcs et des moutons,
et quelques-uns affirmaient tout bas qu'il ne faudrait pas fouiller bien avant dans sa grande armoire
de chêne pour découvrir quelques milliers d'écus,
cachés dans une écuelle de terre.

Pourtant Nicolas était avare et dur au pauvre
monde. La soif d'entasser, d'entasser toujours,
avait desséché son cœur autrefois bon et compatis-
sant. Maintenant, s'il ôtait toujours son chapeau
devant les croix et les calvaires des carrefours, s'il
assistait régulièrement aux offices de sa paroisse,

l'argent était la seule idole devant laquelle il s'inclinât.

Comment, avec ce caractère, Nicolas Moëllo avait-il voulu recueillir et en quelque sorte adopter le pauvre petit être que la tourmente révolutionnaire avait jeté sous son toit?

Hélas! à cette époque, Nicolas était jeune encore, et un bienfait était à ses yeux une fleur d'un prix inestimable. D'ailleurs, il combattait dans cette armée héroïque, armée de paysans en guenilles, privée, dépourvue de tout, qui tint cependant tête aux forces redoutables de la Convention. Quand il revint, sa femme lui tendit l'innocente créature, et il ouvrit les bras en s'écriant :

— Ma fille!...

Puis il est chez le Breton une croyance superstitieuse que rien n'a pu affaiblir encore : le pauvre, l'orphelin sont les hôtes du bon Dieu; qui les repousse attire sur soi les malédictions divines, et qui s'exposerait de gaieté de cœur à compromettre — faute d'un verre d'eau et d'un morceau de pain donnés au nom du Seigneur — son bonheur en ce monde et son salut éternel dans l'autre?

Les années se passèrent ; Nicolas calcula. Egoïste depuis qu'il était riche, il réfléchit que cette enfant deviendrait une bonne servante, fidèle et dévouée par reconnaissance, et qui ne lui coûterait guère. En attendant, il l'envoya garder les troupeaux sur la lande.

La femme du fermier, Françoise, était au contraire une bonne et douce créature, qui ne savait que prier et se soumettre aux exigences un peu despotiques de son mari. C'était elle qui, la première, avait aperçu Tina enveloppée dans un grand manteau poudré de frimas ; la première aussi, elle avait entendu ce doux nom de mère que murmurait la pauvre abandonnée : en fallait-il davantage pour toucher un cœur qui ne demandait qu'à se dévouer ?

Plus tard, quand Dieu lui envoya une fille, elle ne fit aucune différence entre elle et l'orpheline.

Et maintenant que nous avons, aussi sommairement que possible, esquissé les traits des principaux personnages de ce récit, entrons.

La ferme était vaste et spacieuse et respirait ce luxe grossier et peu intelligent des gens qui ont de *quoi* et qui veulent le montrer. Sur les meubles luisant de propreté, pas un grain de poussière ; pas une toile d'araignée aux solives dorées par la fumée du plafond. Des images vivement enluminées ornaient les murs et, sur le manteau de la cheminée, sur le dressoir de chêne, les bols, les assiettes de faïence ornées de guirlandes de fleurs, les couverts d'étain qui ne servent que dans les grands jours, étaient symétriquement alignés comme des soldats un jour de revue.

On sentait que là tout était mesuré à la toise, qu'aucune place n'était laissée à ce gracieux abandon, à ce désordre pittoresque qui donne tant de relief aux autres fermes bretonnes.

Annaïk et sa mère, assises entre la fermière et sa fille Jeanne, causaient de ce hasard étrange qui les avait amenées, elles du Finistère, dans le pays de Vannes. Pierre, adossé contre un grand lit clos, regardait sans voir, écoutait sans comprendre, tandis que le vieux Nicolas, son profil sévère et anguleux éclairé par les reflets du foyer, ses petits yeux gris étincelant de malice et de vivacité, se promenait lentement dans la salle.

— Voilà donc mon ouvrage, se disait-il avec orgueil. Grâce à moi, mon fils épousera la plus riche héritière de tout le Finistère....

L'entrée de Tina ne fut pas remarquée au milieu de la joie des uns, des préoccupations des autres. Annaïk, seule, lui lança un coup d'œil rapide, et, détournant la tête avec affectation, reprit son babil frivole.

A première vue, aucune comparaison n'était possible entre les deux jeunes filles, quoiqu'elles eussent à peu près le même âge. Annaïk avait les cheveux noirs, l'œil hardi, la bouche moqueuse. Sa taille haute et bien prise accusait des formes riches et puissantes ; ses mains blanches aux doigts surchargés de bagues, ne s'étaient jamais fatiguées aux durs travaux des champs ; en un mot, on eût dit une véritable *demoiselle*.

La même différence existait dans la mise. L'une étalait avec fierté le gracieux costume de Scaer tout surchargé de broderies éclatantes où la laine et la soie se mariaient en dessins originaux ; un velours noir, supportant une lourde croix d'or, s'enroulait autour de son cou ; à ses oreilles pendaient des boucles de prix.

L'autre, au contraire, portait des vêtements de couleur sombre, vingt fois rapiécés, et traînait à ses pieds de lourds sabots bourrés de paille.

Cependant, en y regardant bien, la *demoiselle*, c'était plutôt cette enfant frêle et délicate, au teint doré plutôt que bruni par le hâle et le soleil ; l'autre, malgré ses riches atours, son air *cossu*, restait la véritable campagnarde.

Voilà à quoi pensait Pierre.

Tina, elle, murmurait, les yeux fixés sur la Vierge de plâtre qui ornait le manteau de la cheminée :

— Mon Dieu ! faites qu'elle le rende heureux ; je ne vous demande pas d'autre grâce....

Annaïk releva la tête.

— Quelle est donc *cette petite?* demanda-t-elle dédaigneusement comme si son instinct de femme lui révélait une rivale dans l'humble gardeuse de moutons.

— Une pauvre orpheline que ma mère a recueillie il y a dix-huit ans déjà, répondit Jeanne avec un doux sourire. Ah! c'est une bien triste histoire que la sienne....

— Une mendiante!... je l'avais deviné....

— Ma mère l'appelle sa fille; moi, je lui dis : « Ma sœur, » fit Jeanne simplement.

Un sourire d'ironique pitié crispa les lèvres de la belle *pennerez.*

— Vous êtes trop bonne, Jeanne, trop bonne, en vérité, fit-elle. A la ferme aussi, nous accueillons les mendiants, nous avons bien soin de remplir leurs besaces; mais jamais, non jamais, il ne nous est venu à l'idée de frayer avec eux.

— C'est que vous ne connaissez pas Tina, interrompit Pierre qui rougissait des remarques peu chrétiennes de la belle *pennerez.* Elle est si bonne, si douce et avec ça si pieuse, qu'on ne peut se défendre de l'aimer.

Il prononça ces mots avec une animation telle que le sang afflua à son visage, et Annaïk le regarda un instant presque interdite.

Mais avec sa pénétration de femme, elle savait avoir frappé juste, avoir reproché à l'orpheline la seule chose qu'elle pût lui reprocher, sa pauvreté, et elle était satisfaite.

— Ah! fit-elle simplement à l'apostrophe de Pierre.

— Eh quoi, enfants! quelle conversation avez-vous un jour comme celui-ci, un jour de fête? dit Nicolas avec orgueil. Pierre, prends place auprès d'Annaïk. Toi, Tina, apporte du pain blanc, du lait frais, des crêpes bien dorées. Il n'y a rien de trop bon pour la *jolie pennerez*.

Tina, heureuse de cet ordre, s'éloigna vive-ment pour cacher son trouble. La pauvre enfant avait entendu les propos méchants de la *belle pennerez*, et son cœur en souffrait; mais elle était résignée au sacrifice, et ses larmes disparurent sous un sourire.

Bientôt, sur la table couverte de serviettes en toile rousse, s'étagèrent des monceaux de crêpes de froment jaunes et dorées, de petits pains blancs et appétissants. Le lait fraîchement trait emplissait les bols de faïence, les couverts d'étain reluisaient comme de l'argent ; Nicolas l'avait bien dit : Rien de trop beau, rien de trop bon pour la *jolie pennerez!*

Ailleurs des mets plus substantiels : du lard, de

la viande, du faro, du vin et de l'eau-de-vie solli-
citaient l'appétit des convives.

Cette grossière mise en scène, destinée à éblouir
les deux femmes, atteignit son but; Annaïk et sa
mère paraissaient charmées.

Seul, Pierre gardait un front soucieux.

— Mon père, murmura le jeune gars , pro-
fitant d'un moment où le vieillard était seul près
de la cheminée, mon père, je voudrais vous
parler.

— Plus tard, répondit Nicolas.

— Pourtant....

— Plus tard , répéta le Breton avec impatience.
Mais quelle mine as-tu aujourd'hui? Est-ce l'arrivée
de la *jolie pennerez* qui te rend aussi sombre
que le *mois noir?* (1).... Sois plus raisonnable ,
je le veux.

— Ah! si vous saviez, mon père , — et sa voix
devint suppliante — vous ne refuseriez pas de
m'entendre.

— Pierre, fit Nicolas, je devine ce que tu veux
me dire. Mais prends garde, on ne m'a jamais
résisté... obéis quand j'ordonne.

— Mon père!...

— Obéis! répéta le Breton sur un ton qui
n'admettait pas de réplique.

(1) *Miz du :* novembre.

Et du doigt, il désigna un escabeau laissé vide près de celui d'Annaïk.

Pierre courba la tête et obéit en silence.

Le même soir, dans la chambrette de Jeanne, gracieusement mise à la disposition des nouvelles venues, se passait une scène qui eût singulièrement modifié les intentions de Nicolas, s'il l'avait seulement soupçonnée.

— Je suis à bout de patience, disait la *jolie pennerez* avec humeur, et je ne sais ce qui m'empêche de repartir demain. Pierre est un rustre sans éducation. L'avez-vous vu ce soir? c'est à peine s'il parlait; à peine s'il me regardait....

Et la coquette jeune fille se mirait dans un petit miroir accroché au mur, d'un air qui voulait bien dire :

— J'en vaux pourtant la peine.

— Patience, ma chérie, murmura la mère. Quand tu seras maîtresse ici, tout changera. Songes-y bien, ce mariage est notre dernière ressource. J'ai fait beaucoup de sacrifices pour toi, Annaïk, je ne les regrette pas; mais nous n'avons plus rien, et Pierre sera riche un jour.

— Qu'importe, s'il me faut supporter toute ma vie sa figure ennuyée! Ah! ce n'est pas comme Monsieur Troadec, il est aimable, lui!

— Pauvre enfant! Monsieur Troadec nous

croit riches encore ; ce qu'il recherche, c'est une dot. Allons ; Nicolas ne se doute de rien ; un peu de courage, un peu de patience, et tout ira bien ; c'est moi qui t'en réponds....

Et pour finir la conversation, qui s'engageait sur le terrain glissant des comparaisons, la mère Even mit un baiser sur le front de sa fille, qui, au fond, ne demandait qu'à être convaincue, et lui souhaita tendrement le bonsoir.

Une heure après, sauf Nicolas qui calculait dans son lit, et une pauvre enfant priant agenouillée sur la paille de l'étable, tout le monde dormait à la ferme.

Ne troublons pas ce sommeil.

IV

Pleurs.

Près d'un mois se passa sans qu'aucun incident
nouveau vînt troubler la douce quiétude dans
laquelle s'endormaient les habitants de Kerbranel.
Pourtant, qu'on ne s'y trompe point, sous ce calme
apparent couvait la tempête : il n'était pas un
cœur qui ne battit de crainte, d'espérance ou de
cupidité.

L'orage se formait lentement. Au moindre choc,
il devait éclater.

La *belle pennerez* et sa mère acceptaient les
avances du fermier sans paraître les remarquer.
Aussi, quand on les voyait passer le long des
landes en friche, Annaïk s'appuyant coquettement
sur le bras de Pierre, les vieux bonshommes et les
vieilles commères, quoique le mot *fiançailles*

n'eût pas encore été prononcé, se regardaient malignement et se disaient à l'oreille :

— Voilà que Nicolas a fiancé son gas.... A quand la noce ?

Et Pierre ne disait rien qui appuyât ou combattît cette assertion si vite accréditée. Le pauvre garçon s'abandonnait machinalement à la volonté paternelle, demandant à Dieu de lui accorder la force et la résignation pour le sacrifice.

La résignation fuyait loin de lui. Il avait beau combattre, prier, essayer d'étouffer les sentiments de son cœur, le gracieux fantôme de Tina était toujours présent à ses yeux, il ne pouvait le chasser de ses rêves.

— Seigneur mon Dieu, murmurait-il un dimanche matin qu'il revenait de l'église, n'aurez-vous donc jamais pitié de moi?... Je souffre tant!... Je voudrais me résigner, obéir à mon père, je le dois, et pourtant je ne le puis....

Il poussa un soupir désolé et reprit en secouant tristement la tête :

— Je parlerai, j'essayerai de toucher son cœur inflexible, et, s'il refuse... s'il refuse, reprit-il avec un sourire amer, Dieu m'inspirera....

Déjà, au bout du chemin creux, apparaissaient les toits de chaume de Kerbranel, d'où s'échappaient de minces filets de fumée bleuâtre montant,

en tordant leurs spirales, dans le ciel tout bleu.
Des deux côtés du chemin des arbres entrelacé,
étendaient, comme un dôme, leurs branches bi-
zarres où chantaient des fauvettes. Des primevères
d'un jaune pâle, des marguerites blanches et roses,
des touffes d'yeuse, de lavande émaillaient les
fossés, et les rayons du soleil, glissant à travers
les branches, dessinaient mille arabesques, mille
dessins fantastiques sur le sol tout gris.

Pierre alors s'arrêta. De toutes les beautés
qu'étale le printemps, il n'avait rien vu, rien que
la silhouette lourde et crevassée de la ferme,
qui se dressait devant lui comme une menace
ironique.

— Il le faut! murmura le jeune gars; oui, il le
faut : Dieu, lui-même, ne saurait me défendre de
rechercher mon bonheur.

Il poussa la porte et pénétra dans la ferme. A
mesure qu'approchait l'instant décisif, l'instant
qui devait décider de son bonheur en ce monde,
sinon dans l'autre, il sentait une sueur glacée lui
mouiller les tempes, ses genoux se dérober
sous lui; son cœur battait violemment dans sa
poitrine, et il fut obligé de s'appuyer contre la
porte.

Dans le fond de la salle, près de la petite fe-
nêtre grillée, Nicolas et Françoise causaient mys-

térieusement, échangeant parfois un sourire. La porte du réduit de Jeanne était ouverte. De là s'échappaient comme par bouffées des cris joyeux, des éclats de rire sonores, où dominait la voix fraîche et bien timbrée de la *jolie pennerez*.

Pierre se sentit défaillir.

— Ils sont bien joyeux! murmura-t-il.

— Pierre, cria Nicolas qui l'aperçut le premier, que fais-tu ici? Ne serait-il pas plus aimable à toi de revêtir tes hardes de dimanche pour accompagner ta sœur et Annaïk à la grand'messe.

Pierre avança en chancelant.

— Je viens d'entendre la première messe, balbutia-t-il.

Le Breton haussa les épaules.

— Ecoute, reprit-il, il se passe ici des choses que je ne puis comprendre, des choses que vous me cachez.... Toi, si joyeux, toi, qui, du soir au matin, sifflais comme un merle dans les sureaux, depuis l'arrivée d'Annaïk, tu es sombre et préoccupé. Pourquoi ce changement? Tu ne te plais que dans la solitude ; même pour prier Dieu, tu te lèves avant le jour et fuis dans l'ombre comme un malfaiteur.

— Nicolas, interrompit Françoise après un instant de silence, le condamneras-tu sans l'entendre?

— Laissez parler le père, ma mère, murmura le jeune homme.

—· Encore des secrets? fit le Breton dont l'œil flamboya. Mais tu n'as pas répondu à ma question.

— Je souffre tant ! ô mon père, si vous avez quelque amitié pour moi, ne me contraignez pas à ce mariage que réprouve mon cœur.

Le Breton se redressa, les narines pincées, les lèvres frémissantes. Dans son regard s'allumaient des éclairs rapides, et tout son être frissonnait. Il prit la main de Pierre qu'il serra à la broyer.

— Qu'as-tu dit ? s'écria-t-il d'une voix que la colère faisait vibrer. Parle, je le veux....

Et Françoise ajouta doucement :

— Parle, mon fils : ton père est bon, il t'écoutera.

— Merci, bonne mère; j'ai besoin de cette espérance pour ne pas défaillir. Peut-on commander à son cœur? J'ai résisté pourtant, j'ai voulu faire taire la voix mystérieuse qui parle en moi : prières, larmes, soupirs, rien n'y a fait, et je suis aussi malheureux que le premier jour.

— Mon Pierre ! murmura la mère inquiète.

Nicolas réfléchit un moment et reprit avec un accent ironique :

— Et tu crois que pour des billevesées de tête

folle, je m'en vais rompre une union qui apportera à toi contentement et richesse, à nous honneur et considération ? Non, sur les cendres de mon père ! D'ailleurs tout le pays connaît mes projets et se gausserait de moi s'ils échouaient. Mais quelle est ta préférence, quelle *pennerez* as-tu choisie ? Est-elle aussi riche qu'Annaïk, ou ne serait-ce pas plutôt quelque folle créature que tu auras aperçue sur la lande ?...

— Mon père ! fit Pierre qui se redressa subitement, mon père, ne l'insultez pas ; car vous en rougiriez. Elle est pauvre, c'est vrai ; mais cent fois vous-même avez applaudi à ses qualités, à sa douceur, à sa piété.... Cent fois vous l'avez appelée votre fille....

Il s'arrêta n'osant proférer le nom qui lui brûlait les lèvres.

— Juste Ciel ! s'écria le Breton comme frappé de stupeur, c'est donc....

— C'est Tina, oui, mon père....

— Tina !... répéta le Breton, Tina !... oh ! j'aurais dû m'en douter.... Mais il est temps encore, demain elle quittera la ferme pour toujours, pour toujours, entends-tu ! Et avant qu'un mois se soit écoulé, tu seras l'époux d'Annaïk.

— Nicolas !

— Mon père !

— Voilà donc la récompense que me préparait cette intrigante? continua le Breton que ses propres paroles exaltaient. Prétendre à mon fils, elle! elle, qui n'a ni paroisse ni famille! elle, une enfant trouvée! Heureusement tout peut se réparer.

Il se promenait avec agitation, sans souci d'être entendu. Pierre, plus blanc qu'un linge, s'appuyait au bras de sa mère pour ne pas tomber.

C'était une scène poignante.

— Nicolas, murmura Françoise qui s'approcha du Breton et lui prit les deux mains, Nicolas, au nom du Ciel, ne faites pas cela. Oubliez-vous que, au retour de cette bataille où vous fûtes si miraculeusement sauvé, quand je vous mis cette pauvre créature sur les bras, vous avez promis de l'aimer, de la protéger? Oubliez-vous que vous l'avez appelée votre fille? Songez à Dieu, Nicolas; songez à elle, innocente, j'en suis sûre, et vous sentirez votre colère s'évanouir.

— Oui, mon père, ajouta Pierre en joignant ses mains suppliantes, j'obéirai... j'épouserai Annaïk; mais ne me refusez pas cette grâce que j'implore à vos genoux....

— Tina partira, quand je devrais la chasser moi-même, répéta l'inflexible vieillard.

— Il n'est pas besoin de violences, maître, dit une voix ferme; je partirai.

Tous se détournèrent en poussant un cri : Tina était là, Tina les avait entendus. Elle était appuyée contre la porte de chêne. Ses yeux étaient rouges des pleurs qu'elle avait versés, et sa poitrine avait des soubresauts convulsifs. On voyait qu'elle souffrait ; pourtant son attitude paraissait digne et résolue.

— Je partirai, maîtres, continua-t-elle ; mais pas avant de vous avoir remerciés de toutes les bontés dont vous m'avez comblée, vous surtout, reprit-elle en prenant la main de la fermière, vous qui avez eu pour moi toute la tendresse, tout le dévouement d'une mère....

» J'aurais dû partir plus tôt, je le sens aujourd'hui. Hélas ! seule au monde, je croyais avoir retrouvé une famille, des cœurs aimants, et je me complaisais dans mon erreur sans y voir le danger. Mais il me reste un père ; lui, du moins, il ne me repoussera pas....

— Tinaïk ! murmura Pierre qui voulut s'élancer vers elle.

— Reste ! commanda impérieusement le Breton.

— Je partirai, dit-elle encore. Mais dites-moi que vous penserez quelquefois à moi, que vous ne maudirez pas mon souvenir.... Adieu, Pierre ; obéissez à votre père, il ne veut que votre bonheur. Adieu; de loin comme de près, je penserai à vous, et prierai le Ciel de vous accorder le bonheur que vous méritez.

Et des pleurs longtemps contenus jaillirent de ses yeux.

— Ma fille! cria la fermière qui tendit les bras à la pauvre abandonnée.

Pierre poussa un cri et voulut s'élancer en avant. Pour la deuxième fois depuis le commencement de cette scène, Nicolas le retint.

Quand il put détourner la tête, Tina avait déjà disparu dans les profondeurs de la ferme.

— Partie! dit-il avec un sanglot dans la voix, partie pour toujours!

— Allons, Pierre, répondit froidement Nicolas, la messe va bientôt sonner; il est temps que tu te prépares à y conduire ta sœur et Annaïk.

V

La hutte du Cloarck.

C'est la nuit encore. Dans le chemin creux,
près de cette même croix mutilée où nous avons
vu , il y a dix-huit ans déjà, le *Cloarck*
agenouillé , une jeune fille, la tête inclinée sur
les marches de pierre, les mains jointes sous un
chapelet, priait avec ferveur, mêlant parfois des
sanglots aux phrases entrecoupées qui s'échappaient de ses lèvres.

C'était Tina.

Rien ne pouvait la distraire de cette doulou-
reuse extase. Autour d'elle le vent sifflait et
mugissait, tordant, arrachant les tiges des landes
et des genêts ; la pluie tombait par rafales inter-
mittentes.

Au-dessus, le ciel, sans aucune étoile, roulait ses nuages sombres et chargés d'électricité.

Tina priait toujours.

— Mon Dieu, disait-elle entourant de ses deux bras le pied du calvaire mutilé, comme si cette étreinte sacrée pouvait lui donner la force et la résignation qu'elle implorait, mon Dieu, je ne vous demande rien pour moi. Si je souffre, si je pleure, seule, isolée ici-bas, mes larmes et mes angoisses me seront comptées là-haut. Mais lui, Seigneur, ah! faites qu'il soit heureux.

Elle se releva fortifiée contre sa douleur, et, ramassant un petit paquet déposé sur le sol, elle s'enfonça sans hésiter dans le chemin sombre et désert.

Le temps était horrible. La tempête, qui menaçait depuis le soir, se déchaîna bientôt dans toute sa fureur, brisant, déracinant les arbres grêles plantés le long des fossés. La pluie tombait toujours; les éclairs fulgurants déchiraient sans relâche le manteau noir de la nuit, et l'on entendait des roulements sourds et prolongés : les éclats de la foudre, mêlés au fracas des vagues se brisant, à plus de trois lieues de là, sur les récifs de la côte.

Tina avançait toujours, savourant avec une

joie amère, une volupté sauvage, les âcres émanations de la tempête. Si sombre, si désolée que fût la nature, elle l'était encore moins que son cœur.

C'est qu'elle avait souffert, en quittant, sans espoir de retour, ce toit qui avait abrité son enfance! Si, en présence du fermier, elle avait pu refouler ses sanglots, imposer silence aux battements précipités de son cœur, à peine seule, une tristesse immense s'était emparée de tout son être, et elle était restée tout le jour assise au coin d'un fossé, la tête ensevelie dans ses deux mains, l'esprit assiégé de mille pensées sinistres.

En un seul jour elle avait tout perdu, le rêve de sa jeunesse était brisé à jamais. Que lui importait l'avenir maintenant? N'était-elle pas condamnée, elle qu'un père n'avait jamais pressée dans ses bras, elle qui n'avait jamais vu le doux visage d'une mère penché sur son berceau?...

— Mon Dieu, murmura-t-elle en levant vers le ciel ses yeux noyés de larmes, ne valait-il pas mieux me rappeler à vous?...

Mais elle repoussa cette pensée comme un outrage au Tout-Puissant et reprit avec un pâle sourire :

— Non, car il me reste un père, un père bon et dévoué qui m'ouvrira ses bras, et, si grandes

que soient les afflictions dont vous m'abreuvez,
j'espère toujours en vous, ô mon Dieu !

Bien loin dans la campagne, sous un maigre
couvert de chênes et de sapins, derniers vestiges
d'une forêt immense qui avait vu les sanglants
sacrifices des druides, s'élevait, adossée contre
une *table de pierre* (1), une pauvre cabane bâtie
avec des branches entrelacées et surmontée d'un
toit de gazon.

C'était la demeure du *Cloarck*, c'était là qu'il
établissait son gîte pendant les courts repos de
son existence nomade.

Ce lieu avait une réputation sinistre. Le paysan
attardé, qui y passait après la brune, hâtait le pas
et se recommandait à Dieu, qui seul avait le
pouvoir de le délivrer des obsessions des *duz*
et des *korrigans* (2), qui, la nuit, s'appellent
pour danser en rond autour des vieux *dolmens*
et jeter des sorts aux passants.

Mais le *Cloarck* avait trop de foi, de piété sincère pour s'arrêter à ces superstitions d'un autre
âge.

Tina avançait sans crainte.

Bientôt elle aperçut la cabane ; sa main heurta

____

(1) Table de pierre ou dolmen : autel des druides.

(2) *Nains*, *lutins*, démons familiers. Leur principale attribution est
de veiller sur les trésors enfouis dans les campagnes.

la porte qu'un simple loquet de bois fermait. Elle
appela, personne ne répondit. Alors elle souleva
le loquet et entra.

Les lueurs de la tempête éclairaient l'intérieur
de la cabane : elle était déserte.

— Mon Dieu ! implora Tina qui s'affaissa sur
la couche de paille du vieux *chercheur de pain*,
tout me manque à la fois !...

Et, courbant la tête sur sa poitrine, elle
pleura amèrement. Bientôt pourtant, il lui sembla
qu'elle cessait de souffrir, ses yeux se fermèrent,
et, bercée par la tempête, elle s'endormit en
priant le Seigneur.

Quand elle rouvrit les yeux, il faisait grand
jour déjà. L'orage avait cessé. Sous le bois,
on entendait le joyeux babil des oiseaux qui vole-
taient de branche en branche, secouant leurs ailes
mouillées, et, par la porte entre-baillée, par les
ais disjoints de la cabane, des rayons clairs et
resplendissants s'infiltraient comme pour saluer
la dormeuse d'un joyeux bonjour.

Tina releva la tête. Le *Cloarek*, appuyé sur son
long bâton, sa besace gonflée pendant encore à
son côté, la contemplait avec un doux et caressant
sourire.

— Mon père ! cria-t-elle en se jetant dans les
bras du vieillard.

Les souvenirs de la veille accouraient en foule
dans son esprit ; elle pleurait.

— Tinaïk, ma fille chérie, murmura le vieillard, pourquoi ces pleurs?

Mais il s'arrêta aussitôt, retenant un cri d'effroi.

Tina n'était plus l'enfant indolente et rêveuse
que nous avons aperçue sur la lande par un
beau soir de printemps. Un voile de tristesse et
de mélancolie couvrait son beau visage, si pur, si
mobile autrefois. Ses lèvres souriaient encore,
mais ce sourire impressionnait douloureusement,
car il était l'expression navrante de tortures
morales poussées à leur degré extrême.

Cependant le *Cloarck* se contint, et, entourant
de son bras la taille de la jeune fille, il reprit
en essayant de sourire :

— Mais tu ne me réponds pas ?

— Ils m'ont chassée, balbutia-t-elle.

Le *Cloarck* devint blême.

— Chassée! répéta-t-il d'une voix sourde,
chassée!... Et c'est Moëllo qui a fait cela, lui
qui.... Ah! je l'avais mieux jugé.... Ne tremble
pas, pauvre enfant, continua-t-il en la pressant
sur son cœur ; une réparation t'est due, tu l'auras.

— Mon père, implora Tina effrayée de l'exal-
tation de cet homme qu'elle avait toujours vu si
humble, si résigné ; mon père, calmez-vous :

Dieu ne nous ordonne-t-il pas de pardonner à nos ennemis ? Et puis, le fermier était le maître.

— Oui, interrompit encore le *Cloarck*, tu lui faisais ombrage.... Oh ! c'est ma faute aussi, j'aurais dû parler. Pourquoi ai-je attendu si longtemps ?

Et, attirant la fillette près de lui, il continua :

— Ne t'es-tu jamais demandé, Tina, pourquoi, depuis ta plus tendre enfance, tu m'as toujours vu à tes côtés, veillant sur toi comme un avare sur son trésor ? Toi, qui n'as ni parent ni famille ici-bas, ne t'es-tu jamais demandé quels droits, quel pouvoir mystérieux j'avais sur toi ?

— Oh ! si, bien souvent. Mais toujours vous avez éludé mes questions.

— C'est que l'heure n'était pas venue encore, c'est que j'avais peur de faire couler tes larmes....

— Oh ! s'écria-t-elle impétueusement, vous avez connu ma mère.

Le *Cloarck* inclina tristement la tête.

— Elle n'est plus ? interrogea la fillette, qui, hélas ! ne doutait pas de la réponse.

— Elle est morte... morte avec tes frères... morte massacrée par les *bleus*. Oh ! ce fut un triste jour

— Je le savais, murmura Tina dont les beaux

yeux se remplirent de larmes , je le savais puisque j'étais seule et souffrante. Si ma mère avait vécu , elle ne m'aurait pas abandonnée.

Ses mains se joignirent : elle priait.

— Et mon père? dit-elle encore.

Le *Cloarck* hocha tristement sa tête blanche, ne sachant comment continuer cet entretien si tristement commencé.

— Ecoute, reprit-il enfin , laissons de côté tous ces souvenirs qui ne peuvent que t'attrister. Quoi qu'il doive m'en coûter, je vais soulever un des coins du voile qui couvre ton enfance; alors tu comprendras pourquoi je me suis tû si longtemps; tu me pardonneras si j'ai failli à ma promesse.

— Vous pardonner! Oh! mon père , pour cela il faudrait oublier tout ce que je vous dois.

— Cette promesse était de te rendre heureuse, Tina , et tu souffres.

» Ami de ton père, dans une occasion solennelle, je lui jurai de veiller sur toi, d'assurer ton bonheur ici-bas. Il eut foi dans mon serment et partit en te laissant dans mes bras. Seul , errant pour échapper aux poursuites dirigées contre moi, je ne pouvais associer ton enfance aux périls, aux angoisses de mon existence de proscrit : voilà pourquoi je te déposai , la nuit, sur le seuil d'une

ferme de Kerbranel en jurant de ne pas t'abandonner, de veiller sur toi comme sur une fille
chérie.

» Nos frères avaient pris les armes pour re-
pousser la tyrannie; je me joignis à eux. Ils
combattaient; moi, je priais, je pansais leurs
blessures. Là, je rencontrai ton père; le fermier
Moëllo y était aussi. Alors, il y eut des jours glorieux pour les enfants de la Bretagne; et bien
souvent les *bleus*, repoussés de toutes parts,
durent abandonner la partie en grinçant des dents
de fureur. Mais que pouvait l'héroïsme de soldats
en sabots, sans armes souvent, contre des troupes
nombreuses et bien équipées? Nous devions
succomber, nous le savions.

» Un jour pourtant nous eûmes la victoire.
Hélas! était-ce bien une victoire, la défaite la
suivit de si près? Nos plus braves compagnons
gisaient sur la lande teinte de leur sang; ton père
était avec eux.

» Transporté dans une grange, il comprit que
sa dernière heure était proche; « Marguerite!... »
dit-il. Ce fut son dernier mot; il porta à ses lèvres
la croix de plomb de son chapelet, et quand sa
tête retomba en arrière froide et bleuie, c'était
fini.... »

VI

Deux Bretons.

Et le *Cloarck*, accablé sous le poids de ces souvenirs déchirants, se laissa choir sur un escabeau, le visage caché derrière ses deux mains. Alors Tina, s'agenouillant devant lui, écarta doucement une de ces mains qu'elle porta à ses lèvres.

— Oh ! s'écria-t-elle avec un accent inénarrable, parlez-moi d'*eux* encore !

A cette heure, elle avait tout oublié, ses pleurs, ses angoisses, ses souffrances.... Ne lui parlait-on pas de ses parents qu'elle n'avait jamais connus ? de sa mère, de sa mère surtout qu'elle avait si souvent aperçue dans ses rêves d'enfant? Préparée depuis longtemps à cette fatale nouvelle, ses yeux brûlants n'eurent pas de larmes ; mais son cœur tressaillait violemment dans sa poitrine.

— Plus tard, enfant, reprit le *Cloarck* répondant aux dernières questions de la jeune fille. Aujourd'hui, j'ai une mission suprême à remplir, et, je prends à témoin Dieu qui m'écoute, je n'y faillirai point !

» En promettant de te rendre heureuse, Marguerite, j'aurais dû mieux surveiller ton enfance, te garder près de moi, travailler pour assurer ton bonheur. Hélas ! j'avais vingt-cinq ans à peine ; je sortais du séminaire, et l'auréole qui fait le prêtre et le martyr brillait déjà à mon front.... C'était assez pour me fermer toutes les portes ; chacun avait le droit de me jeter la pierre, de m'appréhender au corps comme un vil malfaiteur. Oh ! que ces temps furent sombres et terribles ! Quand le calme reparut, quand je pus quitter ma retraite, mes cheveux avaient blanchi, et je ne savais plus que joindre les mains pour prier....

— Mon père, interrompit avec véhémence Marguerite à qui nous restituons son véritable nom, pourquoi vous défendre ? Qui vous accuse ? Vous avez sacrifié pour moi les plus belles années de votre jeunesse, votre dévouement a duré près de vingt ans. Ah ! ne craignez rien, du haut du ciel, Dieu et mon père ne peuvent que vous bénir et vous approuver.

— Bien, Marguerite, bien ; je m'attendai à ces paroles.

Et l'attirant encore plus près de lui, il l'embrassa tendrement.

— Demain, ma tâche sera accomplie, dit-il encore ; tu seras heureuse, Marguerite.

Et, comme la jeune fille hochait la tête sans répondre, il sourit mystérieusement.

La journée s'écoula rapide comme un songe pour ces deux êtres qu'une affection si pure unissait. Le nom de Pierre ne fut pas prononcé une seule fois. A quoi bon ? C'eût été raviver des blessures douloureuses. Le vieux *chercheur de pain* parlait du passé. Alors sa voix retrouvait des accents émus et passionnés, qui arrachaient des pleurs aux yeux de la jeune fille, surtout quand le vieillard évoquait ces noms si doux, ces noms de père et de mère, que ses lèvres n'avaient jamais murmurés. Mais ces pleurs n'avaient rien d'amer, c'était la piété filiale qui les faisait couler....

Quand les premières ombres du soir descendirent comme un vaste rideau constellé de paillettes brillantes sur la campagne endormie, le *Cloarck* se leva. Il prit, dans un coin de la hutte, quelques objets qu'il cacha vivement dans son bissac, s'empara d'une petite lanterne, et, son long bâton à la main, il se disposa à sortir.

— Au revoir, Marguerite, dit-il en déposant un affectueux baiser sur le front de la fillette; prie, espère, et Dieu fera le reste.

Et, sans laisser à la jeune fille surprise le temps de lui répondre, il poussa brusquement la porte et s'enfonça résolument sous le couvert du bois.

— La belle soirée ! fit-il.

En effet, c'était une belle soirée, tiède et parfumée de toutes les senteurs du printemps. On eût dit que l'orage de la veille, en rafraîchissant la nature, lui prêtait de nouveaux charmes. Tandis qu'à l'Orient tout était déjà ténèbres et silence, au couchant, le soleil radieux projetait encore ses gerbes de feu qui semblaient incendier la campagne ; une douce brise passait dans l'air comme un frisson léger, agitant à peine le feuillage dont les mélodies au rythme bizarre se confondaient avec le gazouillement des oiseaux, le cri strident du grillon caché dans l'herbe épaisse.

Le vieillard quitta le bois. Alors la plaine se déroula devant lui triste et dénudée avec sa maigre végétation de lande et de genêt. Le *Cloarck* ne s'arrêta pas à contempler ce paysage si familier ses yeux, et s'éloigna rapidement.

— A Carnac, dit-il résolument : l'heure est venue !

Laissons-le s'enfoncer dans le sombre domaine des druides et des légendes, et retournons à la ferme de Kerbranel, où nous aurons bientôt l'occasion de le retrouver.

Tout reposait dans la vaste demeure. Seul, Nicolas Moëllo, assis devant la cheminée où flambaient quelques branches de sapin, rêvait tristement, tout en écoutant le grésillement des flammes, le vent de nuit bruire doucement au dehors dans le feuillage des grands arbres.

Sa figure, pâle et fatiguée, portait l'empreinte de grandes souffrances ; ses yeux cernés de noir étaient tristement fixés à terre. Était-ce déjà le remords ?... La veille, il avait cédé à l'emportement du moment, à la colère de voir son autorité méconnue ; à cette heure, peut-être, il se repentait de ce mouvement d'impatience, il se demandait si Dieu ne le punirait pas....

Les paroles de Françoise : « Cent fois tu l'as appelée ta fille ! » le désespoir de Pierre lui revinrent à la mémoire. Il branla tristement la tête.

— Celui qui chasse l'hirondelle qui vient bâtir son nid sous les poutres de son toit ne mérite pas de bonheur, dit-il amèrement. Quel sort attend donc celui qui repousse le pauvre et l'orphelin ? Dieu ne le maudit-il pas ?

Et, à cette heure, il eût tout donné pour que Tina fût encore à la ferme.

Il en était là de ses réflexions, lorsqu'un coup discret, frappé à la porte, le fit tressaillir.

— Qui frappe à cette heure ? se demanda-t-il en proie à une vague inquiétude.

Il se leva vivement et courut tirer le verrou. La sombre silhouette du *Cloarck* apparut dans l'encadrement de la porte, éclairée par un blanc rayon de la lune.

— Que la paix du Seigneur soit sur cette maison et ceux qui l'habitent ! dit le nouveau venu qui se signa.

— Et avec vous, frère, répondit le fermier.

L'horloge, emprisonnée dans un coin sous sa robe de vieux chêne, tinta lentement ses neuf coups. Les deux hommes se rapprochèrent de la cheminée, et Nicolas poursuivit en désignant un siège à son hôte :

— Vous n'avez donc plus d'asile, *Cloarck*, que vous frappez à ma porte à pareille heure de la nuit ? Soyez le bien venu alors ; si vous avez froid, approchez du foyer ; si vous avez faim, le pain est sur la table.

— Arrêtez, Nicolas, interrompit le *Cloarck*.

Je ne m'arrêterai pas sous votre toit, mes mains ne rompront pas une bouchée de votre pain avant que vous ne m'ayez dit ce que vous avez fait de l'orpheline que Dieu vous avait envoyée.

— Tina? interrogea le fermier.

— Tina, répondit le *Cloarck*.

Un court silence suivit ces paroles. Les deux Bretons s'observaient avec défiance ; leurs regards se croisaient rapides et chargés d'éclairs. Trop orgueilleux pour avouer ses torts, Nicolas fit taire cette voix qui lui criait de tout confier au *Cloarck ;* il recula d'un pas et passa la main sur son front comme pour y refouler le flot d'amères pensées qui venaient l'assaillir.

Le *Cloarck*, toujours appuyé sur son long bâton, attendait debout au milieu de la salle.

Ce silence persistant pesait lourdement. Ce fut le *Cloarck* qui le rompit :

— J'attends, dit-il.

— Tina!... Tina est une misérable, dit le fermier d'une voix sourde ; je l'ai chassée....

— Arrêtez, Nicolas! N'insultez pas l'enfant parce qu'elle est seule, sans défenseur. N'espérez pas me tromper : je sais tout. Si vous avez chassé celle que vous appeliez *votre fille*, c'est qu'elle nuisait à vos desseins, à vos calculs peut-être. Vous l'avez écartée comme on écarte une pierre du chemin, sans songer que vous brisiez deux cœurs que Dieu avait faits l'un pour l'autre....

Moëllo ne répondit pas.

— Pierre l'aime pourtant, poursuivit le vieux *chercheur de pain.*

— Pierre est mon fils, et n'aura jamais d'autre volonté que la mienne. Avant d'engager son cœur, il devait réfléchir, calculer qu'une union était de longue main arrangée avec les parentes d'Annaïk, que ma parole était presque donnée.

— Je ne connais pas d'engagements plus saints, plus sacrés que ceux contractés au chevet d'un mourant, dit le *Cloarck* sévèrement. N'êtes-vous pas de mon avis, Nicolas?

— Que voulez-vous dire? De quel droit m'interrogez-vous?

— Vous allez le savoir.

Et s'asseyant sur un escabeau, sa belle figure à l'expression si grave, si austère, vivement illuminée par les flammes rougeâtres qui dansaient dans l'âtre, le vieux *chercheur de pain* plaça son front dans ses deux mains comme pour mieux réveiller le monde de vieux souvenirs qui y dormaient depuis si longtemps.

Nicolas, lui, les deux mains derrière le dos, arpentait la salle, pâle et frémissant.

Enfin, comme prenant une résolution soudaine, il revint s'asseoir en face de son hôte.

— Parlez, dit-il d'une voix sombre, je vous écoute.

VII

Ressouvenirs.

— C'était, il y a près de dix-sept ans déjà,
commença le *Cloarck*, dans les environs de Loc-
miné, petite ville située non loin de Vannes. Pendant la journée, on s'était battu ; les *bleus* avaient
été repoussés, mais nos pertes étaient énormes,
ce qui faisait que nous n'envisagions pas sans un
douloureux serrement de cœur la perspective d'un
nouveau combat.

» Victorieuses, mais horriblement décimées,
nos troupes campaient dans la lande de Lanvaux.
Pendant que les chefs assemblés délibéraient sur
la possibilité d'une retraite, nous, les soldats, assis
autour de feux immenses, nos fusils à portée de
la main, nous causions de nos familles, de nos
paroisses peut-être occupées par l'ennemi. Les

uns riaient en contant leurs prouesses, les autres chantaient pour se donner du cœur ; tous préparaient leurs armes.

» A chaque minute arrivaient des gars que les chefs avaient envoyés en éclaireurs. La consternation était peinte sur leurs visages bronzés que rougissaient les flammes du bivouac : toutes les issues étaient interceptées ; nous étions cernés !

» Un long cri de rage courut dans les rangs.

» Il y avait là des gars robustes et résolus pourtant ; c'était d'abord Kervello, dit le *brave ;* c'était Moalie, *le tireur des bleus ;* c'était Behan, *l'enclume ;* c'était toi, Moëllo ; c'était, enfin, Jaouen, le plus intrépide de nos soldats.

» Tandis que les autres s'entretenaient à voix basse de leurs préoccupations, lui, son chapelet aux grains noircis entre ses mains jointes, il priait, il réfléchissait au passé, car son front se chargeait de nuages sombres. Dieu l'avait cruellement frappé : une nuit, les *bleus* avaient cerné sa ferme ; sa femme, ses quatre gars avaient péri dans les flammes ; seul, il était parvenu à s'échapper, emportant dans ses bras son dernier enfant.

» Dès ce jour, il avait voué aux *bleus* une haine implacable. Toujours sombre, toujours soucieux, nul ne pouvait se vanter de l'avoir vu sourire. Ce n'était que dans la mêlée que son œil retrouvait des éclairs. Pareil à l'oiseau de proie se plongeant dans l'onde troublée, il s'enfonçait au plus épais de la bataille, et chaque coup qu'il portait était un coup de grâce....

» On eût pu calculer le nombre d'ennemis mis à mort par lui, rien qu'en comptant les croix taillées au couteau sur la crosse de son fusil.

— A quoi bon me rappeler ces souvenirs douloureux, *Cloarck* ? interrompit Nicolas ; je ne les ai pas oubliés.

Le *Cloarck* bocha la tête, et un sourire doucement ironique entr'ouvrit ses lèvres.

Il reprit :

— On causait donc autour des feux de bivouac. Chacun, le visage sombre, l'œil chargé de lueurs farouches, calculait mentalement les chances de salut qui nous restaient, lorsqu'un grand cri retentit :

» — Aux armes !

» Les *bleus*, renforcés de nouveaux bataillons, arrivaient au pas de course par trois côtés à la fois.

» Les rayons de la lune faisaient étinceler l'acier poli des baïonnettes.

» — Courage, les gars ! cria alors Jaouen qui bondit comme une panthère blessée. Rallions-nous antour de nos chefs, et que chacun fasse son devoir. Vive le roi, et sus à l'ennemi !...

» La bataille commença, atroce, épouvantable, sans autre clarté que les lueurs rouges de la poudre et quelques rayons affaiblis glissant à travers les déchirures des nuages. Nous combattions avec énergie, le désespoir décuplait nos forces ; mais les *bleus* étaient si nombreux ! Ils surgissaient de partout à la fois ; partout on voyait les pointes de leurs baïonnettes aussi pressées que les ajoncs qui hérissent nos champs.

» Machinalement j'avais pris une arme : l'horreur du combat ne me laissait pas la force de m'en servir.

» Les *bleus* avançaient toujours. Nous étions pris entre deux feux.

» Notre chef, nos officiers avaient été tués dès les premières décharges. Alors l'indécision se mit dans nos rangs, et, tandis que les uns tombaient en faisant vaillamment leur devoir, les autres — c'était le plus petit nombre — jetaient leurs armes et s'enfuyaient au loin.

» Bientôt, de cette armée vaillante, il ne resta plus qu'une centaine d'hommes groupés autour de Jaouen.

» — En avant ! cria celui-ci, et, puisque les *patauds* nous barrent le chemin, fonçons !

» — Fonçons ! répétâmes-nous.

» Et nous nous précipitâmes à travers les rangs pressés et hérissés de piques et de baïonnettes. Les *bleus*, surpris de l'impétuosité, furent bousculés en un clin d'œil. Nous étions libres, mais un des nôtres manquait à l'appel.

» — Nous ne pouvons l'abandonner aux *patauds*, fit encore Jaouen dont cet homme était l'unique, le plus sûr ami. Hardi, garçons ! s'il est encore vivant, sauvons-le ; s'il est mort, vengeons-le !

» Et, tournant les talons, il se précipita en avant. La lutte fut courte. Jaouen marchait à notre tête ; son sabre lançait des éclairs et lui ouvrait un passage sanglant. Soudain nous le vîmes se baisser.

» — En retraite ! s'écria-t-il en se redressant, les épaules chargées d'un corps inanimé.

» Nous nous élançâmes encore au milieu de la lande. Jaouen venait le dernier, ralenti par le poids de son fardeau. Tout à coup un éclair jaillit suivi d'une explosion, et nous le vîmes chanceler en jetant un cri : une balle venait de le frapper entre les deux épaules.

» — Frappé par derrière ! fit-il avec un sourire amer.

» Les balles pleuvaient autour de lui. Sans

perdre une minute, les plus valides s'emparèrent
des blessés, et la retraite continua. Vers le
matin, nous avions atteint une ferme isolée : nous
étions sauvés.

» Les deux blessés avaient repris connaissance ;
ils étaient étendus sur la paille d'une grange,
car il fallait les dérober à tous les regards. Ras-
semblés autour des grabats, nous leur prodiguions
nos faibles soins, mais sans espoir de succès,
pour Jaouen, du moins.

» Il râlait ; son état semblait désespéré.

» Et pas un médecin parmi nous.

» — Un prêtre ! disait le malheureux ; au nom
du Ciel, un prêtre !... C'est égal, reprenait-il avec
un sourire navrant, je ne m'attendais pas à
périr frappé par derrière !...

» — Tu ne mourras pas, Jaouen ! fit aussitôt une voix tremblante.

» Nous nous détournâmes. C'était le deuxième
blessé qui se traînait péniblement sur les mains et
les genoux pour approcher du grabat où agoni-
sait notre vaillant compagnon. A chaque effort
qu'il tentait, une goutte de sang s'échappait de
sa poitrine et jaspait le sol de la grange.

» Et pressant la main de Jaouen, il ajouta :

» — Non, tu ne mourras pas ; Dieu ne peut
vouloir rappeler à lui celui qui s'est si noblement

dévoué pour notre salut à tous. Tu vivras pour
que je puisse t'aimer.... Entre nous désormais,
c'est à la vie à la mort, vois-tu.... Demande-moi
la moitié de ma fortune, elle est à toi ; demande-
moi ma vie, je la sacrifierai avec joie....

» Haletants, émus, nous avions besoin de tout
notre courage pour ne pas éclater en sanglots.

» Jaouen, lui, souriait tristement.

» — La mort... n'est-ce pas la délivrance ?
dit-il avec effort. Oh ! Dieu est bon, puisqu'il me
rappelle à lui... puisqu'il m'ouvre enfin la porte
suprême qui doit me réunir à ma femme... à mes
enfants.... Du calme, amis ; séchez vos pleurs....
Là où va le chrétien, on ne souffre plus !...

» Le prêtre entrait. Par respect pour le secret
de la confession, nous nous éloignâmes en
silence. Quand nous pûmes nous rapprocher de
notre malheureux compagnon, il entrait déjà en
agonie. Sa main pressait convulsivement la croix
de plomb de son chapelet ; un dernier éclair d'in-
telligence rayonnait dans ses yeux profonds, et
ses lèvres violacées s'entr'ouvraient comme pour
sourire.

» — Marguerite ! me dit-il.

» Ce fut son dernier mot, sa dernière préoccupation terrestre ; car, à partir de ce moment
jusqu'à celui de sa mort, qui arriva une heure

après, il ne remua les lèvres que pour prier....

Le *Cloarck* se tut. Moëllo, qui, aux dernières paroles du vieux *chercheur de pain*, s'était levé avec agitation, revint à lui et lui prit la main, qu'il serra dans la sienne comme dans un étau.

— *Cloarck*, dit-il d'une voix saccadée, en me rappelant cette heure de mon passé que je voudrais oublier, car c'est moi qui ai causé la perte du vaillant Breton, en me rappelant cette promesse sacrée, vous aviez un but.

Le *Cloarck* sourit doucement.

— Je n'ai donc pas eu besoin de vous nommer, vous vous souvenez donc? dit-il enfin.

— Si je me souviens!... Mais rien ne me coûtera pour remplir ma promesse. Parlez sans crainte.... Est-ce en son nom que vous venez? est-ce ma fortune ou ma vie qu'il vous faut?...

— Ni l'une ni l'autre, Nicolas.

— Alors?

— N'avez-vous pas deviné?

— Si! murmura le fermier dont la voix se couvrit d'une sombre tristesse. Cette Marguerite... cette enfant... c'est.... Oh! j'ai peur de comprendre....

Le *Cloarck* ne répondit pas encore.

— Malheur sur moi! acheva le fermier qui tournoya sur lui-même et chancela comme un homme frappé de la foudre, je ne le savais pas !...

Et, la tête entre ses deux mains, il pleura amèrement. Alors, le *Cloarck* s'approcha doucement, et, lui mettant la main sur l'épaule, lui dit d'une voix affectueuse :

— Allons, Nicolas, annoncez demain à tous que votre fils Pierre épouse la fille de Jaouen le chouan, et ajoutez encore que son père lui laisse vingt mille livres de dot....

En même temps il sortit de sa besace et déposa sur la table un petit coffret de chêne encore tout maculé de terre : c'était le trésor qui reposait depuis près de vingt ans dans la lande de Carnac, c'était la dot de Marguerite !

Un sanglot, un cri de joie répondirent aux dernières paroles du vieux *chercheur de pain*. Pierre, le front rayonnant, les yeux humides de douces larmes, était aux genoux de son père....

VIII

Conclusion.

Ce fut un bien beau jour que celui qui éclaira
l'union de l'humble orpheline avec le fils de l'opu-
lent fermier! Dès l'aurore, toutes les routes qui
conduisaient à Kerbranel étaient encombrées d'une
foule joyeuse et rigoureusement endimanchée. On
eût dit que le bon Dieu, lui aussi, voulait contri-
buer aux splendeurs de cette fête toute patriarcale,
tant le soleil était radieux, l'atmosphère pure et
embaumée, tant les petits oiseaux cachés dans les
buissons des chemins chantaient gaiement leurs
antiennes matinales.

Nous l'avons dit, le village tout entier assistait
au mariage. C'était un coup d'œil vraiment pittoresque que la vue de cette cohue en habits de fête,

conduite par les *rimeurs*, le *brotaër* et le *baz-valan*,
le premier vêtu de couleur sombre, le second
chaussé d'un bas rouge et d'un bas violet, et s'appuyant en marchant sur la baguette de genêt qui
lui a donné son nom (1).

Les *sonneurs*, joueurs de *bombarde* et de biniou,
marchaient les premiers, rouges d'orgueil, les
joues enflées, soufflant à perdre haleine, tandis
que la brise agitait les rubans aux vives couleurs
qui ornaient leurs instruments.

Des cris joyeux, des coups de fusils éclataient
sur tout le parcours du cortège.

Et Marguerite ? Qu'elle était belle dans son coquet
déshabillé de drap violet, tellement surchargé de
broderies, que l'étoffe disparaissait, pour ainsi
dire, sous les larges bandes de velours noir, les
dessins capricieux que formaient, en se mariant,
les soies les plus vives ! Sa coiffe, sa collerette
évasée aux mille plis étaient de fine batiste ornée
de dentelle ; elle portait au cou une lourde croix
d'or ; ses pendants d'oreilles, les boucles de ses

(1) *Baz-valan* signifie en effet bâton de genêt. Le baz-valan et le
brotaër sont les deux *rimeurs* qui portent la parole, le premier pour
l'époux, l'autre pour la fiancée, dans ces longs débats *rimés* qui pré-
cèdent et suivent tonte noce bretonne. Malheureusement cet usage
poétique est bien tombé de nos jours, où l'esprit moderne s'infiltre
partout, et ne se conserve que dans les hameaux les plus reculés, les
plus sauvages, qui gardent intactes encore les traditions du passé.

souliers étaient en même métal ; enfin, vingt galons
d'argent, s'étageant sur sa manche gauche, disaient
clairement à tous le chiffre des richesses qu'elle
apportait à son mari.

Trois tailleurs avaient travaillé pendant trois
semaines à la confection de la toilette de noce ; les
bijoux appartenaient à la mère de Marguerite ; le
vieux *Cloarck* les avait trouvés au fond du petit
coffret de chêne.

Marguerite était heureuse. Le bonheur, un bonheur doux et tranquille comme les reflets de sa
belle âme, animait ses grands yeux. Pourtant,
l'expression de son visage était un peu triste :
c'est qu'en ce moment suprême, elle pensait à
ses parents qu'elle n'avait jamais connus et qui,
ce jour-là, eussent été si fiers de leur fille.

Pierre, lui, se contenait à peine.

Enfin le cortège atteignit le porche de l'église.

Là, tout bruit cessa, toutes les clameurs s'étei-
gnirent. Les portes du modeste sanctuaire étaient
toutes grandes ouvertes ; de la place on voyait les
cierges briller sur l'autel au fond de la nef sombre,
le crucifix, les grands chandeliers étinceler sous
ces lueurs ardentes ; les parfums de l'encens im-
prégnaient l'air et montaient en vapeur bleuâtre
sous la voûte étoilée.

Plus de la moitié des assistants, qui n'avaient

pu se placer dans la petite église, attendaient au dehors, les mains jointes sous leurs grands chapeaux. Tout à coup un cri immense retentit, les fusils tonnèrent de nouveau, et chacun se leva.

Ils étaient unis !

Le cortège, les mariés en tête, regagna Kerbranel. Dans l'aire à battre de grandes tentes de toile étaient dressées : la ferme paraissait trop petite ce jour-là !

Seules, deux personnes n'avaient pas pris part à cette cérémonie touchante.

Est-il besoin de nommer la *belle pennerez* et sa mère ?

Quand, le lendemain de la scène que nous avons rapportée au chapitre précédent, Nicolas, avec toutes les précautions possibles, lui avoua qu'ils s'étaient trompés tous deux, qu'Annaïk ne pouvait pas plus convenir à Pierre que Pierre à Annaïk, la veuve Even n'avait eu qu'une pensée :

— Il sait tout, il connaît notre ruine.

Aussi, malgré les instances de Françoise, de Nicolas même, elle fit aussitôt ses préparatifs de départ et quitta la ferme avec Annaïk plus dépitée que jamais.

— Qui sait ? pensait l'orgueilleuse jeune fille ; qui sait si Monsieur Troadec ?...

Elle s'arrêta à ce nom.

Monsieur Troadec, qui passait aux yeux de la belle *pennerez* pour le modèle accompli de l'élégance et du savoir-vivre, était le premier clerc du notaire de Scaer. Fat, présomptueux, il avait perdu une à une toutes ses pieuses croyances bretonnes; mais, en revanche, il avait apporté d'un séjour de deux ans à Lorient, des manières guindées et ridicules, une suffisance extrême.

Il était pauvre. Quoique, depuis la mort du bonhomme Even, les choses allassent de mal en pis à la ferme de Scaer, la veuve était trop habile pour ne pas celer à tous le délabrement de ses affaires, délabrement qui allait toujours croissant depuis qu'une main virile n'était plus là pour refréner les caprices dispendieux de la jolie *pennerez*. On la croyait généralement un bon parti, et Monsieur Troadec, qui, comme nous l'avons dit, ne manquait pas de suffisance, allait se déclarer, lorsque la veuve et sa fille partirent pour le pays de Vannes.

Voilà pourquoi la jeune fille murmurait :

— Qui sait si Monsieur Troadec ?

Le rêve d'Annaïk devait se réaliser ; à la fin de l'été, elle était fiancée au clerc de notaire.

Les noces suivirent de près.

Une union conclue sous de tels auspices —

coquetterie d'un côté, cupidité de l'autre, —
ne pouvait être bénie du Ciel. La pauvre
Annaïk devait en faire la triste expérience, car
un an ne s'était pas écoulé que déjà le trouble
et la désunion avaient élu domicile à la ferme de
Scaer.

Troadec comprenait qu'il avait été dupé : la
ferme, les terres qui en dépendaient étaient hypo-
théquées pour plus des trois quarts de leur valeur;
des sommes importantes placées jadis chez différents
notaires, il ne restait plus un centime....

Il y eut des cris, des reproches, des scènes
terribles.

— A quoi bon misérer ici? se dit un jour
Troadec.

Et, malgré les prières de la veuve, il partit
pour Quimper emmenant sa femme et une pauvre
petite créature, âgée de quelques mois à
peine.

Alors Annaïk comprit sa faute. Elle comparait
son existence, à elle, à celle de ses compagnes,
unies à de simples paysans, qui vivaient heureuses,
entourées d'une famille aimante, d'enfants joyeux
et rayonnants de santé, et des pleurs amers jail-
lissaient de ses yeux.

Pendant ce temps, Troadec oubliait, dans les
cabarets, dans les lieux de plaisirs, que la gêne,

sinon la misère, était au logis ; que, assise dans une pauvre mansarde qu'une chandelle fumeuse éclairait à peine, une femme pâle et flétrie, les yeux rougis à force de pleurer, consumait ses nuits dans un labeur ingrat et à peine rétribué, ne sachant que répondre à la petite créature qui lui disait :

— J'ai faim !

Quelle leçon !

Pauvre Annaïk ! elle avait voulu sortir de sa sphère, s'élever au-dessus de sa condition, et voilà qu'elle était retombée au dernier rang des déclassés !

Eloignons les yeux de ce tableau désolant que nous avons anticipé pour ne pas clore ce récit par un épisode douloureux, et retournons à Kerbranel, le soir même des noces.

Ici, tout est insouciance et gaieté ! La joie est d'autant plus sincère qu'elle est exempte de tout calcul. On rit, on chante ; on danse ; le bonheur est peint sur toutes les figures, il est dans tous les cœurs.

Appuyé contre le mur de la ferme, un vieillard aux cheveux argentés, aux lèvres souriantes, contemple avec ivresse les groupes joyeux qui bondissent et s'éparpillent aux sons aigres et discordants des musettes et des binious.

— Jaouen! murmure-t-il en joignant les mains, es-tu content ?

Et ses grands yeux se lèvent vers le ciel, où mille étoiles radieuses allumées là par la main du Créateur font pâlir les torches allumées ici par la main des hommes, et une larme descend le long de sa joue ridée.

— Oui, tu dois être content !

En ce moment une main s'appuie sur son épaule, et une voix joyeuse murmure à son oreille :

— Je vous y prends, *Cloarck*, vous contemplez votre ouvrage!

— Non, Nicolas, fait le vieillard en hochant la tête, le bonheur, même ici-bas, ne peut être l'œuvre des mortels. Pour qui juge avec son cœur, le doigt de Dieu est visible partout.

Il se fait un silence de quelques instants.

— *Cloarck*, reprend Nicolas en pressant avec émotion la main du vieillard, il est temps de dire adieu à votre existence vagabonde, de vous fixer sous un toit chrétien. Votre place est ici, près de votre fille adoptive.

— Merci, Nicolas, merci! Pour elle j'accepte, continua-t-il, j'accepte pour ne plus quitter celle qui est ma joie, mon bonheur en ce monde....

Mais je n'abuserai pas longtemps de votre hospi-
talité ; ma tâche est terminée, que ferais-je ici-bas ?...
Non, il est temps, grand temps que Dieu me rappelle à lui.

FIN

TABLE

Lina, ou l'Orpheline de Magdebourg; par le vicomte de la Morre

Marie Eustelle; par Mme de Gaulle.

Mains géantes (les). — Les bons Conseils. — Un Pêcheur de truites. — Les deux Négociants; par Bénédict-Henry Révoil.

Miséricorde et Providence : vie de Mlle de Lamourous.

Modèle des jeunes gens (le); par l'abbé Proyart.

Mousse de la Sainte-Anne (le) : aventures d'un petit Bas-Breton; par Eug. Parès.

Orphelins de Montfleuri (les); par S. Bigot.

Papes en exil (les); par Ch. Clair.

Parfums de la vie (les); par A. S. de Doncourt.

Petit Prisonnier des neiges (le); par Mme la comtesse Drohojowska.

Père des malheureux (le); par J. Aymard.

Prisonnier de Russie (le); par T. Perrin.

Récits de notre temps; par Mme Bourdon.

Récits du soir; par M. Mahon de Monaghan.

Reine Berthe au long pied (la) : légende du vieux temps; par Camille d'Arvor.

Seconde Terreur (la), histoire d'un prêtre déporté à la Guyane en 1798; par M. l'abbé Chambard.

Sous la Tente d'un Casino; par M. de Montrond.

Souvenirs de deux marins; par L. Le Saint.

Un Ange consolateur; par J. Aymard.

Un Atelier du faubourg St-Antoine; par l'abbé de St-Vincent.

Un Bienfaiteur de l'humanité : Jean de Matha; par C. d'Aulnoy.

Une Bonne Réputation; par Marie Emery.

Une Croisade au xixe siècle; par C. d'Aulnoy.

Un Regard vers le passé, ou la Croix éclaire et ramène à Dieu; par M. du Hausselain.

Vicomte de Mareuil (le); par Eug. Parès.